Etoile de la passion

Lydia Montigny

Etoile de la passion…

… dans un ciel de Vie…

©2017, Lydia Montigny

Éditeur : BoD-Books on Demand, 12/14 rond-point des Champs Élysées, 75008 Paris, France
Impression : BoD-Books on Demand, Norderstedt, Allemagne
ISBN : 978-2-322-08193-6

Dépôt légal : Août 2017

... Et même si tu n'avais été qu'une illusion,

Je m'en serais voulu

De n'y avoir jamais cru...

La passion... c'est l'âme sans raison
Qui fait vivre en silence l'adoration,
Qui fait souffrir et se laisser mourir en sourire...
La passion... c'est aimer plus fort que le désir...

J'écris ce que tu ne dis pas
De la vibration du cœur
A la partition de fleurs.

J'écris ce que ton rire en éclats
Eclabousse de bonheur...
C'est le langage de la douceur...

Scrivo quello che non dici
Della vibrazione del cuore
Alla partizione di fiori.

Scrivo quello che tu risata
Spruzzi di felicità
E il linguaggio di dolcezza...

LA PATIENCE

Imagine suspendre
Le temps pour me surprendre…
Le vent d'une bise tendre
Chante l'été en décembre
Et j'aime tant entendre
Ce que tu veux m'apprendre…
La pluie coule en méandres,
Elle ne fait que descendre
Mais la nature la cambre
Pourquoi faire un esclandre ?
Le temps ne peut reprendre
La sagesse d'attendre
Et ton geste si tendre…
La patience, c'est se surprendre…

… Puisqu'on ne peut oublier,

… alors vivons avec cette absence,

remplissons-nous de ce vide,

parlons à cet immense espace,

… et puis sourions,

parce que nous nous rappelons des moments heureux…

… et là

… nous ne sommes plus jamais seul…

Oublie-la… si tu peux
Et détourne les yeux,
Pose-les où tu peux
En ignorant son vœu,
Mais n'oublie pas qu'à ses yeux
Tu es son ciel tout bleu…
Son rêve est douloureux
Mais il est silencieux…
Ne ferme pas les bras
Elle a besoin de toi,
Ne ferme pas ton cœur
Tu la connais par cœur,
N'oublie pas… reste là…
N'oublie pas qu'elle n'oublie pas
Elle est là…

Pleure,
Pleure, doux violon
Aux sanglots si rêveurs...

Pleure, vent vagabond
Aux hurlements de douleur...

Pleure, douce symphonie
De l'oiseau dans le soir...

Pleure, tendre chrysalide,
Demain est un espoir...

Mais toi, non, ne pleure pas
L'amour ne meurt pas...
Ne pleure pas...

SUR UNE PAGE ABANDONNEE

Elle s'était assise là
Comme si le temps n'existait pas
Comme si le monde s'arrêtait
Le silence l'engloutissait…

Ses mains tremblaient et se serraient
Sur l'anneau de bois lissé
Et sur la photo si usée
Ses doigts encore le cherchaient…
De lourds sanglots la secouaient,
Les larmes roulaient et coulaient…
Cet amour ne pouvait mourir…
Pourquoi a-t-il fallu partir ?
Pour elle l'enfer était moins pire,
A la torture du passé,
Non, elle n'a jamais succombé…

Je n'oublierai jamais ce soir
Où elle écrivit cette histoire
Sur la page d'un vieux cahier
A la lueur d'un bel été…
Elle est partie sans le ranger
Juste posé là…pour le trouver…
Son cœur tambour battra toujours
A l'agonie, elle survivra
Tant qu'elle saura que son amour
Brille encore… Ne pleure pas
Car les larmes, ce jour là
Seront des torrents de joie…   …/…

…/…

Si tu la croises sur un chemin
Dis-lui qu'il sera là demain
Que l'amour ne meurt jamais
Qu'il n'appartient pas au passé…

J'écrirai sur l'océan de ta vie
Des choses simples d'aujourd'hui
Des hier jamais endormis
Des demains défiant l'infini...

JE NE RETIENS PAS….

Je ne retiens pas le vent
Ni ses joyeux ouragans,
Je ne retiens pas le temps
Impassible géant,
Je retiens cet instant
Minuscule et transparent
D'un éphémère présent…
Alors je te dessine
A l'encre de larmes sublimes
Pour un demain plus fort
Comme un grand soleil d'or…

N'insiste pas !
Je n'aime pas les fins tragiques
Les peines perdues, mélancoliques,
Je hais les larmes, c'est sans recours...
... Je pleure toujours !...

N'insiste pas !
Je n'aime pas les chansons
Qui ne sont que conjurations,
Ni les paroles de contrefaçon...
... La fantaisie est ma raison !...

N'insiste pas !
Je n'aime pas les copier-collers
Duplicata de personnalités,
Mais ton irrésistible insistance
C'est la carte chance de ta naissance

N'insiste pas !
... Ou je ne résiste pas... !

Une main pour prendre ta main,

Deux mains pour donner,

Et pardonner...

... Que la Vie soit...

ABSENCE

Ne sois pas triste
Même si je suis loin de toi
Même si tu ne me vois pas
Il y a toujours au fond de ton cœur
Le chuchotement d'un bonheur
Une musique ou un soupir
Qui colore nos souvenirs...
Nous sommes impuissants devant le destin
Mais imagine qu'un matin...
Ne sois pas triste
Illumine ce jour encore d'un sourire
Un sourire pour me faire rire
Un sourire que je garderai en souvenir
Pour ne jamais en guérir...

Tu la regardes partir
Sans rien dire…
Sans rien dire…
Tu ne peux pas lui dire
C'est bien pire
Tu vas te maudire
De la savoir souffrir
Tu la regardes partir
Tu vas te mentir
Pour retrouver le sourire
Mais tu as envie de mourir
De la voir partir
Ton cœur devient soupir
Le futur sans avenir
Tu imagines courir
Pour la retenir
Serrer sa main à frémir
Contre elle te blottir
Tu rêves d'un désir
Tu la regardes partir
Lentement, sans s'enfuir
Ne la laisse pas devenir
Juste un souvenir
Tu la regardes partir
Va, va lui dire
Cours lui offrir
Ta vie, ne la laisse pas partir
Cela ne peut pas, comme ça, finir…

...POUR QUE TU N'AIES PAS MAL...

Dis-moi que le temps est là, simple et grand
Dis-moi que la vie te sourit, très souvent,
Dis-moi que cette larme coulera sur moi
Quand tu me prendras dans tes bras...

... COSI NON HAI MALE...

Dimmi che il tempo è lì, semplice e grande
Dimmi che la vita ti sorride, molto spesso
Dimmi che questa lacrima scorrerà sudime
Quando mi prenderai in braccio...

… des mots qui traînent sur les pages,

comme des pieds lourds dans la poussière…
… Une flèche brisée qui ne verra jamais
où son arc l'a lancée…
… Une rose blanche prenant la couleur de la nuit
parce qu'on n'a personne à qui l'offrir…
… Un oiseau muet au lever du jour
parce qu'il ne sait pas pourquoi…
… Un horizon convexe
où l'on pose son doigt
… Une enveloppe vide et sans nom
qui attend patiemment…
… Mais la blessure n'aura de pardonnable
que la beauté de sa cicatrice…

ENCORE UN PEU...

Encore un peu
Un peu plus loin,
Pour marcher vers ceux
Qui serrent les poings...

Encore un peu
Un peu plus haut,
En levant les yeux,
Vox soprano...

Encore un peu
Un peu de tout
Un peu de rien,
Un cheval fou,
Ou... un parfum...

Encore un peu
Un peu de toi
Du bout des doigts
Et sans rien dire
Juste un sourire...

Encore un peu
De tout ce temps
Juste une goutte
Sans l'ombre d'un doute
De cet immortel présent...

Qu'y a-t-il de plus doux que cet instant où,

au milieu d'un désespoir secoué de sanglots,

la tête entre les mains et les yeux fermés,

une main approche et relève doucement de visage,

puis essuie ses larmes...

sans un mot, sans question...

parce que tout est déjà compris...

J'EXPLOSE !

J'explose en mille joies en osmose
Quelle apothéose grandiose !
J'explose en plein vol en plein ciel
J'explose en mille bulles de soleil
En mille notes de virtuose
J'explose exosmose
Et autour de toi me dépose
En mille éclats, j'explose
Je saute, tourbillonne, ose…
La clause n'est pas close
Alors en mille éclats de sourire, explose !
Puisque tu en es la cause…

Fais-moi mal,
Puisque la douleur est Vie,
La naïveté, une utopie,
Puisque les épines d'une rose,
Sont les excuses de sa douceur,
Et les belles hypotyposes
Se crucifient dans ton cœur...

Fais-moi mal,
Et je crierai ton nom dans le noir
Sous la caresse d'un foulard
Si mes poings dans tes poings
Comme un étau, comme un écrin,
Ne pouvaient s'en échapper,
Tel un animal, j'attendrai
Que ton étreinte soit desserrée
Pour doucement te lacérer

Fais-moi mal
Puisque la douleur fait rire
A défaut de faire pleurer,
L'amour caprice de ce corps
N'a de loi, que le respect

Fais-moi mal
De cet indescriptible sourire
Qui me brûle si fort,
De cette larme qui s'étire
Puis tombe comme un soleil d'or

J'aimerais être ce bruit au milieu de ton corps,
Ce battement calme de ton cœur…
J'aimerais être le bruit de ton bonheur
Que tu retiens comme un trésor…

JE REVIENS

Je fais un pas, je reviens...
Et sur le chemin de demain,
Ma main, serre-la bien
Si tu crois au destin...
La neige a recouvert hier
De blanc et de silence,
Et dans ce livre de misères
Poussera l'arbre de la chance...
Je reviens si tu es là
Si tu reconnais ma voix
Et mon pas un peu plus las
Je reviens et fais ces pas
Droit devant, vers toi...
Droit dans l'étreinte de tes bras...

RENDEZ-VOUS…

Je te donne rendez-vous
Dans un siècle, dans mille ans,
En hiver, au printemps,
Qu'importe le temps :
Le soleil devient fou !…

Rendez-vous dans un an,
Dans un mois, maintenant,
J'attendrai sur le chemin…
Que tes pas et les miens,
Ensemble vers demain,
Se rejoignent enfin…

Je t'attendrai si loin :
Jusqu'au bout de mon rêve !
A force d'y croire,
Car en toi je veux croire,
T'imaginant sans trêve,
Tu apparaîtras enfin…

Dans un siècle, dans une heure,
Tu marcheras vers moi…
Rendez-vous au bonheur !
Aujourd'hui, nous sommes là…

LA LECON DU BONHEUR

Je l'ai apprise par cœur
Pendant des heures et des heures
Pour te la réciter sans erreur...
Mais tous les mots, quel malheur,
Ont disparu avant l'heure...
Alors je t'écris les mots de mon cœur
Avec ma plume, en douceur...
C'est la leçon du Bonheur...

JE VEUX DIRE A LA LUNE

Je veux dire à la Lune
Que son reflet dans la lagune
Immobile au centre du soir
S'effile d'étoiles de moire
Et je fixe son disque vermeil
Jusqu'aux larmes du sommeil…

Je veux dire à la Vie
Qu'il n'est de vie sans lui
Au soleil d'aujourd'hui
L'infini nait sans bruit

C'est un poème pour dire,
Pour rien, pour te faire sourire
Quand tu le liras et le reliras…
Je veux dire à ta voix
Que la lueur de la Lune est là,
Et toi ?

Deux yeux pour un regard
Deux bras pour te serrer contre moi
Nous deux pour faire un pas de deux
Et un... Un amour pour nous rendre uniques...

BAL MASQUE

Dans les lumières tamisées
Brillent les strass du bal masqué
De la musique sur du velours,
Elle danse légère, sur le parquet…
La valse l'étourdie toujours
Le menuet reste plus discret…
Dans ses yeux bronze et or
Tu te noies sans effort,
Son sourire est si doux
Que tu oublies son loup…
D'une subtile révérence
Elle te charme sans bruit…
De dentelle et de silence,
Tu imagines la nuit…
Tu tiens sa main gantée
Où elle vient de glisser,
Amusée et masquée,
Une clef enrubannée…
Valse, ris, étourdis-la,
Mais son loup, ne l'ôteras !

BESOIN DE TOI

Pas besoin de brouillon
Pour écrire un poème,
Pas besoin de formule
Pour décrire ma peine,
Pas besoin de prison
Pour enfermer les bulles,
Pas besoin de dessin
Pour tracer mon chemin,
Je suis là, juste entre tes mains
J'ai besoin que tu sois mon destin...

DESSINE-MOI...

Puisque la porte est fermée
Que la nuit est tombée,
De mes poings j'ai frappé
A le huis sourd et glacé...
... Dessine-moi une clef...

Puisque j'ai cherché le sommeil,
Somnambule sans pareil,
J'ai rêvé dans l'éveil
Du pays des merveilles...
... Dessine-moi un soleil...

Puisque dans cet hiver bleu
La neige fond dans les cieux,
Et au fond de tes yeux
Je me noie mais ne t'en veux,
... Dessine-moi le feu...

Puisque naîtra le jour
D'un éternel toujours,
Tu dessineras le contour
De cet unique amour,
... Dessine-moi ce jour....

... LA RAISON POUR...

Au milieu de la pluie et du vent
De froid qui mord et des tourments
Laisse-moi devenir la raison pour...

Au milieu des bruits de la nuit
De ces hurlements de la vie
Laisse-moi devenir la raison pour...

Au milieu de ce vide si gris
Grisant l'estampe de l'ennui
Laisse-moi devenir la raison pour
Laquelle en ce moment tu souris...

DANS TES MAINS

Dans tes mains,
Il y a
Ce visage appuyé et songeur,
Ce regard parfois triste et rêveur,
Ce sourire sur demain, sur ailleurs,
Ce soupir du meilleur du bonheur...

Dans tes mains,
Il y a
Une feuille griffonnée, gribouillée,
Des pensées, des idées adressées
A l'auteur de ta destinée,
Une page arrachée au passé...

Dans tes mains,
Il y a
Un peu d'eau fraîche, il fait si chaud
Tu éclabousses de rires ma peau
Et leur parfum si doux, si chaud
Coule et roule dans mon dos...

Dans tes mains,
Il y a
Le crayon qui va souligner
Dessiner, écrire et annoter
Les lignes de l'écrivain, vain,
Le magicien qui, dans tes mains
Fait apparaître les lignes de vie...
Donne-moi ta main et fais un vœu
Dans tes mains, il y a nous deux...

OMBRE...

Puisque sans toi, je ne serais pas,
Si je tombais,
Toujours tu me relèverais,
Si je m'endormais
Tu saurais me réveiller,
Et dès le lever du jour,
Je te suivrais pas à pas,
Me fondant dans tes mouvements,
Puisque sans toi, je n'existerais pas
Laisse-moi te suivre toujours
Comme l'ombre du silence confident...

AUX ARMES !

Je prends les armes
Comme un soldat de charme,
Je pars en guerre
En loup et guêpière…
Je serai ta bataille
Si tu serres ma taille,
Et mettrai le feu
Dans ton regard bleu…
Il n'y aura que ton rire
Pour voir mes larmes
Tout contre toi mourir…
Je rends les armes
Devant tant de charme
Et tes mots qui désarment…

PENSEE

Dans la force de la pensée, il y a quelque chose qu'on veut dire à tout le monde, mais que l'on veut aussi garder très égoïstement pour soi... L'esquisse d'un geste, un incomparable sourire, le battement d'un cœur, le timbre d'une voix, la cascade d'un rire, un regard qui vaut mille mots...

Dans la force de la pensée, il y a toute la présence d'un être qui est là, parce que l'autre est absent...

A LA FORCE

A la force des chaînes
Je condamne la haine,
La mort et la violence...
Pas d'excuse à la démence...

A la force des larmes
Je brise les armes
Et serre les poings...
Ne compte pas les points...

A la force de la peur
Je crie le temps et l'heure
De toutes les couleurs...
Quelle belle apesanteur !...

A la force de ma vie
J'écris à contre-jour
Et toi, tu lis ma vie
A la force de... Toujours...

Je saigne,
Je saigne comme un arbre écorcé,
Comme une ombre écorchée,
Comme un bateau échoué
Sur du corail, et je me souviens,
Seule au milieu de rien…
La vie simplement coulait…

Je saigne,
Jusqu'à cet infime moment
Où cette larme doucement
Sera l'arme du temps
Coulant lentement, patience…
Tel le sablier d'antan…
Je saigne en silence…

JE NE TE PROMETS PAS…

Je ne te promets pas
Le soleil à minuit,
Le sommeil à midi,
Ni des rêves inédits
A jamais consentis…

Je ne te promets pas
Des mots sans les penser,
Des maux sans les panser,
Des eaux sans y plonger…
L'oiseau y a songé…

Je ne te promets pas,
Je veux juste que tu crois
Que j'existe pour, tout-contre, mais pas sans toi
Je te promets simplement la vie…

Il est facile de donner ce que les autres attendent de nous,

Mais c'est en donnant autre chose

Que l'on captive leur attention

Et que l'on peut voir alors

Des étoiles dans leurs yeux d'enfants émerveillés !...

J'AI PROMIS

J'ai promis au vent
D'ouvrir les bras
Comme si tu allais
Te serrer contre moi
Pour m'emporter loin
Où le temps n'est pas...

J'ai promis au temps
Une insomnie très bleue
L'espoir de ce feu
Au fond de tes yeux
L'instant de ce vœu
Dans un ciel radieux...

J'ai promis encore
Un cœur, un trésor,
Le serment d'une vie
Dont tu fais partie...

Le temps si frêle et impatient
S'étire tout au long de ce vent,
Et je t'attends secrètement
Toi le silence de mon serment...
La vie sans toi est un océan
Où fait naufrage le présent.
Quelle est cette vague couvrant
A peine ce sable mouvant ?
Je traverserai en riant
Si de l'autre côté, tu m'attends !...
Le temps si frêle et bienveillant
Brille dans nos yeux... innocemment...

On donne le meilleur de soi-même
Sans compter et sans reprendre...
On donne tout ce qu'on a
Et presque ce qu'on n'a pas.

On donne le meilleur de soi-même
Sans jamais chercher à comprendre
Et ce qu'on aurait pu vouloir
Garder juste l'instant d'avant,
On se dit que la mémoire
N'a pas de place au présent...

On peut donner l'âme et le cœur
Et c'est déjà là, un bonheur,
Quand on efface tous les chiffres
Et toutes les lettres qui crucifient
Un être entier et toute sa vie,
Quand le temps ne sort plus ses griffes
L'Amour est roi, par-dessus tout,
Et tout le reste... on s'en fout !...

Serre-moi dans mes larmes
C'est le sens du mot drame
Si mon arme est d'être femme
Alors, c'est le bonheur de mon âme...

LA VIE

La vie n'efface rien,
Elle range dans un coin...
Le temps n'altère rien,
Il attend juste demain...
Il est cette poussière
D'étoiles aventurières,
Ce souvenir qui dort
Dans la malle aux trésors...
Viens souffler sur la nuit
Pour un jour, une vie !...
D'un clignement de cils,
Le temps reste immobile...
Viens effacer la mémoire
De ce vide sans histoire
Et écrire d'espoir
La vie qui nait ce soir...

QUELQUES...

Quelques pas pour m'éloigner
Sans me retenir,
Quelques mots pour te dire
De ne pas te retourner,
Quelques pas et courir
Me jeter dans ton rire,
Quelques mots... juste pour toi
Retiens-moi...

Comme si demain n'existait pas
Comme si le monde s'arrêtait là
Que l'horizon devenait rond
Et que ton instinct en amont
Avait la force et la douceur
Pour faire disparaître les peurs…

Comme si le ciel était ton rire
Comme si la pluie allait bénir
Tout le bonheur de cet instant
Le sablier a brisé le temps
La couleur de ce paradis
Est irisée comme… aujourd'hui…

Comme si demain ne s'arrêtait pas
Comme si le monde s'endormait là
Aime-moi…

Sur le cadran solaire de ma vie
Il y a le Nord à perte de vue
Le Sud, sous le soleil, nue,
Il y a l'Est au bout de mon doigt, d'un côté
Et l'Ouest sur l'horizon, à l'opposé
Mais surtout, il y a toi, zénith de ma Vie...

LACET

Délace mon lacet
Pour m'enlacer
Chaloupé enlacé,
Délice dédicacé
Pour se déglacer

Face au glissé
De ce corset
Des lys et lilas violets
Sont emmêlés
Enlacés serrés
A la croisée
De ces volets

Délace ce corset
Bien trop serré
Et pour se délasser
Sans se lasser
Laissons glisser
Tous les lacets…

Si l'Amour

est un clin d'œil,

je ferme les yeux

sur le temps...

SEMPRE… PER SEMPRE…

Tu sais que d'hier à demain
Il existe un Toujours,
Du couplet au refrain
C'est éternel… pour toujours…
Quelle est cette passion
Ce suave et doux poison ?
Ta volonté n'a pas raison
De ses douceurs et contorsions
Que t'inflige sa persuasion :
Sa puissance est le pont
Pour aller de cet hier
A cette intuition première
Avec la force d'exister…
La passion est un Toujours
Un sourire sur une âme, sans cesse,
Qui continue, comme une caresse
Toujours… pour Toujours…

Le temps s'en va implacablement, irrésolument, inlassablement, étourdissant, surprenant, vertigineusement, irrémédiablement, inextricablement...

Et tout à coup, tu es là...

Alors, il s'arrête, nous attend, immobilise le présent... simplement...

L'ETRANGERE

Je suis cette étrangère
Dans l'ombre de la guerre
Qui hante ce miroir
Brisé de désespoir…
Je me suis tant battue
A corps, à cœur perdu…
Il n'est de cicatrice
Que l'amour ne guérisse,
Et cette âme guerrière
S'immole dans cet hier…
Je suis cette chanson
Que tes lèvres murmurent,
Ces larmes de passion
Ruisselant de futur…
Je serai la lumière
De tes nuits sans prière,
Ou quelques mots écrits
Juste là, pour la vie…

TU AS POSE...

Tu as posé ta main
Sur la photo jaunie
Et tu lui as souri
Comme si c'était demain...

Tu as posé tes yeux
Dans un silence troublant
Et ton regard trop bleu
A coulé dans son sang...

Tu as posé tes mains
Autour de son visage
Et comme un doux présage
Vingt feuilles volent vers Demain...

L'INTELLIGENCE…

Ce n'est pas de briser le miroir du silence,

Mais d'en être le cadre….

CHUTE... DE REINS...

J'ai chu... Chut !...
Non, ce n'est rien,
Juste une chute
Sous les volutes
D'un ciel chagrin,
Et dans l'embrun
Du vent, du grain
Enragé et déchu
Se noie mon chagrin...
Sur le sable si fin
De choir, je ne crains...
Mes poings serrent l'écrin
D'un rêve lointain...
La vie est une brute
Joyeuse de tumultes
Et tes yeux ne réfutent
La courbe de cette chute
Délicieusement abrupte...
Suis-je seule dans la chute ?

FUIR…

Fuir
Sans faire de bruit
Au milieu de la nuit
Elle s'habille d'un rien
Ses chaussures à la main
Se glisse comme une ombre
Dans le couloir sombre
La porte a grincé
Personne n'est réveillé…

Elle fuit cet hier
Comme on fuit une guerre
Elle s'enfuit vers demain
Où tu lui tends la main…

Ça lui est bien égal
Si le froid lui fait mal
L'enfer qu'elle a connu
Dans l'innocence s'est tu
Elle a désobéi
Pour l'amour de sa vie
Qu'importe tous ces mots
Où elle va, il faut beau…

…/…

…/…

Elle fuit cet hier
Comme on fuit la guerre
Elle s'enfuit de la haine
De ses griffes de hyène
Et cette larme de colère
La fait rire,… elle est fière…

Elle s'enfuit sa main dans ta main
Quel bonheur d'être demain…

LES MOTS DU SILENCE

Demande-moi comment
Naissent les ouragans
Violents mais impuissants
Devant les regards si purs
Plus durs que des armures…
Demande-moi pourquoi
J'ai pleuré tant de fois
Sans un mot dans la voix,
Sans un son à l'écho
Des larmes sur ma peau…
Demande-moi encore
La couleur de la mer
Camaïeux bleus ou verts,
Et le chant du soleil
Qui doucement me réveille…
Pose-moi mille questions
Le silence n'a pas raison…

CHUCHOTEMENTS

Il silenzio di questo momento
E un grido alla vita,
Il rumore di questa lacrima
E la fuerza della tua anima,
E il tuo cuore sussurando
E la fonte del amore che sgorga...

Le silence de cet instant
C'est un cri à la vie,
Le bruit de cette larme
C'est la force de ton âme,
Et ton cœur chuchotant
C'est la source de l'amour qui jaillit...

LA GENTILLESSE

C'est tellement doux, tellement fort,
Plus délicat que tous les ors,
C'est un sourire à qui ne voit
Une main tendue pour faire un pas...
Elle s'improvise, si naturelle
Et reste innée, c'est l'essentiel...
J'aime sa grâce et sa noblesse
Et ses mots fondent en caresse,
A m'oublier, non par faiblesse,
Voilà ma force, ma promesse,
Je te donne toute ma tendresse
C'est ma sagesse... la Gentillesse...

SILENCE

Sur le rivage endormi
Dans un matin plein de pluie
Sur le feuillage attendri
Qui s'éveille à la vie

Silence
Dans les ailes de l'oiseau
S'étirant dans l'air chaud
Au hasard d'un voyage
Rêvant de ce paysage

Silence
Sur les mots de mon cœur
Sur les rives et les pleurs
Sur les chants et les cris
Sur un non ou un oui

Silence
Sur le secret de nos vies
Qui s'enlacent et se lient
Sur les mots que j'écris
Et qu'en Silence… tu lis…

Même si, de cette vie,
Il faudra un jour partir,
Il survivra l'Amour
Juste pendant une Eternité...

MURMURE...

Murmure un mot, un drôle de mot,
Un mot clownesque, dans un salto
Et qui retombe dans un chapeau,
Un jeu de mots, snipper adagio

Murmure un mot, un mot très doux,
Comme une bougie brillant sur l'eau,
Un papillon, là dans ton cou,
Un mot velours sur un piano...

Murmure un mot, parole de l'âme
Juste ta voix posant son charme,
Murmure un chant, murmure un mot,
Je le tatouerai sur ma peau...

PETITE GUERRIERE

Je n'en resterai pas là
A regarder passer le temps,
Tomber la pluie, souffler le vent,
Je veux marcher comme ça
D'un pas sûr et léger
Sans crainte de tomber.
Et même si je trébuchais
Pour toi je me relèverais
Les dents serrées
Les yeux mouillés,
Pas un genou à terre
Je ne laisserais...
Je veux que tu sois fier
De cette petite guerrière...
Je n'en resterai pas là
Je courrai sous la pluie
Et dans le vent aussi...
Pourvu que la vie soit là...
C'est un petit bonheur
Qu'importe le jour et l'heure...

NUIT...

La nuit sonne si tard
Au clocher oublié des regards...
Mon sommeil est par terre...
La porte, d'un grand courant d'air,
Claque comme une gifle
Et la bougie vacille
Tatouant ses hiéroglyphes
Dans cette nuit si blanche...
Le silence est la revanche
De ce corps qui te crie
Te serre et te prie...
Quand le jour se lèvera
Seras-tu là ?...

TATTOO

Tattoo sur ma peau
Un cheval sauvage,
Mustang au galop
Sur une épaule sage...

Tattoo au creux de mes reins
La fleur de cette île
Elle danse si fragile
Pahu et tambourin...

Tattoo sur mon cœur
Des chaines et des fers ;
Cet amour, ce bonheur
Sont doux comme l'enfer...

Tattoo sur mes pieds
Les ailes d'Hermès...
Un vent de liesse
Sur ma peau a coulé...

Chacun est prêt à donner

en pensant au bonheur de celui qui va recevoir

sans même attendre un retour,

car dans la confiance,

on a toujours l'impression de recevoir plus...

SOUFFFFFLE

Un jour pour te parler
Je prendrai la voix du vent
Et m'assiérai près, tout près
Tu entendras ce chant…

Un jour pour te protéger
Je serai le toit sous la pluie,
L'orage pourra gronder
Immuable sera ton abri

Un jour pour contempler
Ton regard bleu, si bleu
Je serai larme au coin de tes yeux
Et me laisserai rouler
Jusqu'au creux de ta main…
Alors dessus, tu pourras souffffffler
Et le vent me dira enffffin…

Pourquoi, pourquoi la vie
Pourquoi m'as-tu repris
Ce que tu m'avais donné ?
Tu sais, moi j'y croyais…
Pourquoi, pourquoi la vie,
Pourquoi est-il parti
Et ne reviendra pas,
Qu'il oubliera ma voix ?
Pourquoi, pourquoi la vie
M'avais-tu dit : « jamais » ?
Pourquoi, pourquoi la vie
M'avais-tu raconté
Qu'il n'existerait pas
Que les jours s'en iraient
Bien loin, loin de ces pas…
Le temps a disparu
Il ne reste qu'aujourd'hui…
Aujourd'hui, c'est toute la vie
Car c'est en toi que j'ai cru…

La patience, c'est parler au silence
C'est attendre pour connaître
C'est comprendre sans un mot
Ce que le temps nous veut
C'est se battre et voir naître
Ce que l'on désire à deux

Je ne te dirai pas
La couleur du passé
Je n'inventerai pas
Ce qui n'exista pas
Tous ces rêves brisés
Que l'on n'explique pas...

Je ne te dirai pas
Pourquoi des souvenirs
Virent ce vide grandir
Et mon cœur en éclats

Je ne te dirai pas
Que je n'y croyais plus
Tu es apparu
Dans ma vie ce jour-là...
Je ne te dirai pas,
Mais tu devineras...

On dit que l'on peut aimer sans un mot, sans fleur, sans sourire, sans musique, sans voir, mais ce n'est pas aimer, vraiment.

Je sais seulement que l'on peut aimer… sans limite…

Tristesse,
Tu tiens mon cœur en laisse
Mes yeux plein de tristesse
Fixent l'horizon sans cesse
C'est absence qui blesse

Tendresse
Tu tiens mon cœur en laisse
Mes yeux pleins de liesse
Cherchent tes yeux sans cesse
C'est comme une promesse

Promesse,
Tu tiens mon cœur en laisse
Mes yeux pleins de sagesse
Ignorent la faiblesse
C'est là toute ma richesse…

Déclare-moi la guerre
Si son nom est Amour
A ton cœur en colère
Je dis Oui pour Toujours

Comme il manque une plume
Pour écrire à la lune,
Une étoile qui s'allume
Au-dessus de la dune,
Sans l'espoir d'un songe,
C'est l'absence qi ronge
Et qui dévore encore
Mon corps qui s'endort
Dans le froid du matin...
Comme il manque un demain
A ce rêve lointain,
Devant tant de chagrin
Mon miroir s'ennui
Par tant de jours si gris...
Comme un jouet abandonné
Pleurant, désarticulé,
Comme il manque à mon cœur
Ta lueur, ta douceur,
Tu me manques, le sais-tu ?
Dis, Soleil, où es-tu ?

Dans le tourbillon de mes pensées
Tu es là
Dans la tornade de tous ces mots
Tu es là
Dans les jours, les nuits et les heures
Tu es là
Dans le futur, le passé,
Dans les nuages, sur Terre, dans l'eau,
Dans mes peines, dans mes bonheurs
Tu es là,
Tu es toujours là…

PAS FINI

Je n'ai pas fini
De croire aux sentiers délaissés
Ceux où j'ai laissé
Mon cœur se fêler, se briser,
Et puis de casser...
Je viens le ramasser
Le défroissé, le recoller,
Pour te le confier
Et te savoir le protéger...

Je n'ai pas fini
De compter l'or
Du soleil qui fuit et dort
En cachette jusqu'à l'aurore...
Je serai le diamant sur ton corps
Qui brillera comme un trésor...
Tu es mon île, ma vie, mon sort...

Je n'ai pas fini
D'inventer un alphabet
Pour que les mots ainsi composés
Ne puissent jamais s'effacer...
Je n'ai pas fini de graver
Ma vie près de ta vie...
Je n'ai pas fini de t'aimer...

Tu marches dans mes pensées
Comme sur une plage d'été
Je ne veux pas rêver
Mais près de tes empreintes, marcher…

Tu sautes dans mon cœur
Comme bondit le bonheur
Je veux être ton sang
Dans tes veines, un torrent…

Tu cours dans le temps
Comme un souvenir présent
Je veux juste voler
Comme une bulle dans tes pensées…

Le bonheur,
Plénitude unique, parfaite sérénité,
Se raconte avec peu de mots...

La tristesse
Profonde et douloureuse
Ne se crie pas dans les pleurs...

Seul l'amour
En silences complices se vit, se comprend
A l'unisson de la vie...

ATOUTS...

Je pose une carte de CARREAU...
C'est le silence calme de l'eau,
Le suspense du barreau,
Un concerto pour un tarot...

Quel atout ?... PIQUE ?
Dans une coupe académique
Résistera la belle éthique
A ce jeu philanthropique...

Pour trois feuilles de TREFLE
Le souffle du rifle
Siffle et érafle
L'atout qu'il camoufle

Reste la carte porte bonheur,
De mon beau jeu, il est l'auteur,
C'est le Chevalier de mon cœur,
Atout CŒUR,... à toi l'honneur...

INTACT

J'ai construit mot à mot
Un diadème si beau
Un diamant sans défaut
Bien plus pur que l'eau…
Dans l'instant d'un regard
L'étincelle s'empare
De mon cœur sans savoir
Qu'il vivra dans ma mémoire…
J'ai transcrit le pacte
De la vie, de la liberté,
Une merveille intacte
Fragile dans sa beauté…
Je garderai intact
L'indemne diadème
L'amour est architecte
De chaque jour dans mes veines…

NUE

Serait-il malvenu
En cette ère déconvenue
De vivre en cette tenue
Simple, naturellement connue
Pour ses belles vertus ?
Adieu strass et tissus
L'ère sauvage est venue
Sans artifice, sans retenue…
L'habit d'apparat disparu,
L'égalité sera seule au menu
Que la faim aura retenu…
C'est un état qui se situe
Aux origines… bienvenues…
Qui est cet homme sans statue,
Voire sans statut ?
Qui partirait ainsi prévenu
Libre comme l'air, sous les nues ?
Sagesse, tu l'auras voulue…
Ma liberté est Nue…

APPRENDRE A ETRE FORT…

Tant que tu construiras ces gigantesques châteaux de carte

qu'un simple battement d'ailes de papillon réduirait à néant…

Je resterai la dernière carte à ne jamais vouloir tomber

pour ne pas te voir pleurer…

Penser si fort
Jusqu'à oublier la pluie
Glacée et le vent de la nuit
Penser encore
Et regarder sans bruit
Le soleil qui poursuit
Sa ronde et s'enfuit
Jusqu'à toi, ébloui…
Penser si fort
Penser toujours
Comme un rire, comme un jour,
Penser si fort
Et la Vie devient l'or
De ta pensée qui vient éclore…
Comme un trésor…

Le seul bruit

que fasse le temps qui passe

est celui

du battement de ton cœur...